ANALISI DEL LIBRO

AF137516

Illusioni perdute

· · · · · · · · · · · · · · · ·

Honoré de Balzac

ANALISI DEL LIBRO

Scritto da Magali Vienne
Tradotto da Sara Rossi

Illusioni perdute

HONORÉ DE BALZAC

HONORÉ DE BALZAC

SCRITTORE FRANCESE

- **Data e luogo di nascita: Tours, 1799.**
- **Data e luogo di morte: Parigi, 1850.**
- **Opere principali:**
  - *I Chouan* (1829), romanzo
  - *Eugénie Grandet* (1833), romanzo
  - *Padre Goriot* (1835), romanzo

Honoré de Balzac è stato uno degli scrittori francesi più significativi del XIX secolo. Da giovane si ritagliò un posto nel mondo dell'aristocrazia parigina e divenne rapidamente un punto di riferimento della scena sociale. Tuttavia, ben presto fu rovinato da una serie di imprese commerciali disastrose e dal suo stile di vita decadente e riuscì a ripagare gli enormi debiti accumulati solo diventando uno scrittore, una vocazione che perseguì con grande entusiasmo e diligenza.

Le sue alte ambizioni letterarie lo portarono a iniziare un'opera monumentale nota come « *La Comédie Humaine* » ("La *Commedia* Umana"), che consiste in più di 90 romanzi e novelle e che mirava a dipingere un ritratto completo della società francese del XIX secolo con un livello di dettaglio tale da rivaleggiare persino con i registri civili ufficiali. I romanzi più noti della serie sono «*Eugénie Grandet*» (1833) e "*Padre Goriot*" (1835).

Balzac è considerato uno dei padri fondatori del romanzo realista moderno.

ILLUSIONI PERDUTE

IL MIGLIOR REALISMO BALZACHIANO

- **Genere:** romanzo
- **Edizione di riferimento:** Balzac, H. (2004) *Illusioni perdute*. Trans. Marriage, E. [Online]. Urbana: Project Gutenberg. [Accessed 27 July 2018]. Disponibile da: < http://www.gutenberg.org/ebooks/13159>
- **Prima edizione:** 1837-1843
- **Temi:** salotti letterari, amore, giornalismo, vendetta, invenzione

I romanzi de « *La Comédie Humaine* » si dividono in tre grandi categorie: gli « *Études de mœurs* » (“*Studi* di buone maniere”), gli « *Études philosophiques* » (“Studi filosofici”) e gli « *Études analytiques* » (“Studi analitici”).

“Illusioni perdute” rientra nella categoria degli « *Études de mœurs* » e, più precisamente, nella sottocategoria delle « *Scènes de la vie de province* » (“Scene di vita di campagna”). Questo romanzo, scritto tra il 1836 e il 1843, è una delle opere più lunghe che Balzac abbia mai scritto ed è un racconto di formazione che incorpora molti elementi autobiografici. Racconta la storia di due giovani intellettuali, uno dei quali sogna di trovare il successo come autore, mentre l'altro spera di rivoluzionare l'industria tipografica della sua città natale, Angoulême.

Al romanzo ne seguì un altro, «*Splendeurs et misères des courtisanes*» (tradotto variamente come "Splendori e miserie delle cortigiane" o "Una prostituta alta e bassa"), che fu pubblicato a puntate tra il 1838 e il 1847. Alcuni dei personaggi secondari de «*Illusioni perdute*» sono protagonisti anche di altri romanzi de «*La Comédie Humaine*», tra cui la signorina des Touches in «*Béatrix*» (1839).

SINTESI

PARTE 1: DUE POETI

Lucien Chardon e il suo amico d'infanzia David Sechard lavorano insieme in una tipografia. Dopo la morte del padre, che era il farmacista della città, Lucien deve adattarsi a uno stile di vita più modesto e vivere con i guadagni della madre, un'ex aristocratica che ha perso la sua fortuna e della sorella Eve. Lucien passa il tempo libero scrivendo poesie e cercando di farsi strada nell'alta società di Angoulême. Alla fine, viene ammesso al salotto della signora Louise de Bargeton, dove viene invitato a leggere le sue opere. Lucien diventa presto oggetto di una forte gelosia da parte degli altri membri del salotto, sia per il suo bell'aspetto sia per le attenzioni sempre più palesi che gli vengono rivolte dalla signora de Bargeton. In particolare, questo attira le ire del barone Sixte du Chatelet, che vuole fare della signora de Bargeton la sua amante. Chatelet mette quindi l'alta società di Angoulême contro Lucien e cerca di screditarlo mettendo in evidenza la sua bassa posizione sociale.

Nel frattempo, David sposa la sorella di Lucien, Eve.

Cominciano a diffondersi voci sulla relazione tra Lucien e Louise, che chiede al marito di sfidare a duello uno degli uomini dietro a queste voci. Il risultato è che il signor de Bargeton viene ferito, costringendolo a ritirarsi nella sua casa di campagna per la convalescenza. Louise ne approfitta per fuggire a Parigi con Lucien, dove spera di introdurlo nell'alta società parigina e di aiutarlo a trovare il vero successo nel mondo letterario.

PARTE 2: UN ILLUSTRE PROVINCIALE A PARIGI

Dopo l'arrivo a Parigi, l'affetto dei due innamorati comincia a scemare, poiché ognuno comincia a paragonare l'altro agli uomini e alle donne dell'alta società parigina, trovandoli carenti al confronto. Quando Louise inizia a trascorrere del tempo con sua cugina la signora d'Espard, si rende conto che non sarà mai presa sul serio finché rimarrà con Lucien, il che porta i due a separarsi.

Lucien rimane anche deluso dalla consapevolezza che diventare un poeta di successo a Parigi sarà molto più difficile di quanto pensasse. Entra a far parte di un gruppo di intellettuali provenienti da diversi ambiti e si inserisce nella loro cerchia sociale, che gli fornisce una fonte di motivazione per il suo lavoro. In seguito, incontra Etienne Lousteau, un giovane giornalista che decide di prendere Lucien sotto la sua ala protettrice e di aiutarlo a farsi strada nel mondo del giornalismo. Tuttavia, gli altri amici di Lucien lo mettono in guardia dal perseguire questa carriera e i due si allontanano gradualmente.

La carriera di Lucien come giornalista ha inizialmente molto successo: Etienne gli procura un posto di critico teatrale e letterario e lo introduce nel mondo dell'editoria e del teatro. Inoltre, aiuta Lucien a pubblicare una raccolta di poesie e il suo primo romanzo. Quando viene a conoscenza della precedente relazione di Lucien con Louise de Bargeton, Etienne suggerisce a Lucien di vendicarsi pubblicando articoli satirici sulla signora d'Espard e i suoi amici.

Poco dopo, Lucien incontra una giovane attrice di nome Coralie, amante di un ricco mercante di nome Camusot. Lucien intraprende presto una relazione con Coralie, che segna l'inizio di un periodo di grande successo personale e professionale per lui. Sfortunatamente, la fortuna gli dà presto alla testa e i suoi tentativi di avanzare nella società parigina lo portano ad accumulare enormi debiti. Anche i suoi colleghi diventano sempre più gelosi del suo successo e stufi dei suoi articoli brillanti, ma acerbi, lo inducono a fare scelte professionali sbagliate, come accettare un lavoro in un giornale rivale di quello in cui lavorano i suoi ex amici. Questo distrugge definitivamente il suo rapporto con loro e la loro posizione sociale più elevata gli permette di rovinare completamente la sua reputazione e di lasciarlo completamente isolato dalla società. Non trova più nessuno disposto a pubblicare i suoi articoli, non riceve più un trattamento speciale a teatro e le vendite dei suoi libri diminuiscono drasticamente, impedendogli di pagare i debiti. Anche il suo tentativo di vendicarsi della signora de Bargeton gli si ritorce contro, poiché ha bruciato i ponti con la nobiltà e non riesce a trovare alcun sostegno da quella parte. È talmente disperato che alla fine accende diversi prestiti a nome di David.

Coralie si ammala e muore improvvisamente, così Lucien usa parte del denaro preso in prestito per pagare il suo funerale. Rendendosi conto di non avere amici, denaro e prospettive, decide di tornare nella sua città natale.

PARTE 3: EVE E DAVID

Al suo ritorno, Lucien scopre che le sue azioni hanno gettato Eve e David nella rovina finanziaria, poiché sono stati perseguitati da esattori che chiedono a David di restituire il denaro preso in prestito da Lucien.

Da quando Lucien se n'è andato, l'interesse di David per l'attività di stampa si è affievolito, perché si è dedicato completamente alla ricerca di nuovi metodi di produzione della carta. Tuttavia, Eve ha iniziato a lavorare a tempo pieno alla tipografia quando ha notato che l'attività stava iniziando a fallire ed è riuscita a risollevare completamente l'azienda. Questo ha attirato l'attenzione dei fratelli Cointet, che possiedono la più grande tipografia della regione e sono gli unici rivali commerciali di David e sono turbati dal fatto che la tipografia di Sechard stia rapidamente avendo successo grazie all'acume imprenditoriale di Eve e decidono di ricorrere a tattiche subdole per sabotarla, comprando uno dei dipendenti di David nel tentativo di scoprire cosa sta cercando di inventare.

I fratelli Cointet entrano in possesso delle cambiali falsificate da Lucien e iniziano a chiedere ai Sechard di saldare il debito. Con l'aiuto di un avvocato, riescono persino a far rinchiudere David nella prigione dei debitori, dopodiché si offrono di acquistare la tipografia dei Sechard e il brevetto della sua invenzione. Questo annullerebbe i suoi debiti e gli darebbe i mezzi finanziari per sopravvivere.

Lucien cerca di aiutare l'amico e la sorella, ma non riesce ad essere utile. Dopo l'arresto di David, decide di fuggire ancora una volta e lascia un biglietto d'addio alla sorella. Tuttavia, quando si mette in viaggio, incontra casualmente un prete gesuita di nome Abbe Carlos Herrera, che si offre di portare Lucien a Parigi come suo segretario personale. Lucien è incuriosito e fa un po' di strada con lui prima di accettare la proposta del sacerdote, che a quel punto promette di inviare del denaro a Eve. Tuttavia, nel sequel *"Una prostituta alta e bassa"* si scopre che questo "prete" non è chi dice di essere: la sua vera identità è Vautrin, una mente criminale che compare anche in diverse altre opere di Balzac, tra cui *"Padre Goriot"*.

Eve e David accettano l'offerta dei Cointet e si trasferiscono nel terreno di proprietà del padre di David, dove acquistano una piccola casa con un vigneto. Alla morte del padre di David ereditano anche la terra, che dà loro i mezzi sufficienti per vivere comodamente. Nel frattempo, i fratelli Cointet fanno fortuna grazie all'invenzione di David, che rivoluziona l'industria della stampa, ma David non può beneficiare dei frutti del suo lavoro a causa della sua decisione di vendere il brevetto.

STUDIO DEL CARATTERE

LUCIEN CHARDON

Lucien è uno dei due protagonisti del libro. Nato nel quartiere povero di Angoulême, all'inizio del romanzo è un giovane poeta che desidera diventare uno scrittore famoso. Dopo essere stato coccolato dalla madre e dalla sorella e costantemente adulato dal suo migliore amico per tutta la vita, diventa estremamente egocentrico. Il suo bell'aspetto gli apre molte porte, ma il fatto che si affidi esclusivamente alla sua avvenenza per cavarsela nel mondo, finisce spesso per mettergli contro le persone. Il suo desiderio di riconoscimento lo spinge ad adottare l'aristocratico cognome da nubile della madre "de Rubempre" e il suo fascino per la stravaganza delle feste parigine a cui è invitato lo porta ad accumulare enormi debiti nel tentativo di copiare lo stile di vita dei suoi amici. Sognatore e piuttosto pigro, sceglie la strada del successo diventando giornalista invece di continuare a lavorare alla sua poesia e al suo romanzo.

DAVID SECHARD

Davis è l'altro personaggio centrale del romanzo. Questo giovane inventore idealista finisce per indebitarsi dopo aver acquistato la macchina da stampa del padre ed è determinato a inventare un nuovo metodo di produzione della carta che rivoluzionerà l'industria tipografica. Innamorato perdutamente di Eve e completamente fedele a Lucien, accetta persino di finanziare le imprese dell'amico a Parigi, il che finisce per metterlo in gravi difficoltà finanziarie. Dopo aver sposato Eve, le lascia gradualmente la gestione quotidiana della tipografia per poter dedicare più tempo alle sue ricerche sulla produzione della carta. È fondamentalmente onesto e gentile ed è benvoluto dai suoi dipendenti. Il denaro non lo interessa e decide di rinunciare ai diritti della sua invenzione per costruire una vita stabile per la sua famiglia.

EVE CHARDON

Eve è la sorella di Lucien e incarna sia la forza che la dolcezza. All'inizio del romanzo dedica tutta la sua vita a garantire il successo e la felicità di Lucien, ma le sue priorità cambiano dopo che Lucien parte per Parigi e lei si sposa. Da quel momento in poi, si impegna a fondo per garantire il successo dell'azienda di famiglia, cercando di bilanciare le sue responsabilità di madre e i suoi doveri di direttrice della tipografia. Grazie alla sua astuzia e alla sua intelligenza, riesce a risollevare le finanze dell'azienda, ma i suoi rivali in affari riescono comunque a batterla.

D'ARTHEZ

Daniel d'Arthez è un giovane intellettuale e fa parte di un circolo di giovani pensatori noto come *cenacolo*. È il primo amico di Lucien a Parigi e lo mette in guardia dal mondo del giornalismo e dalle tentazioni della vita nella capitale, incoraggiandolo al contempo a continuare a scrivere; infatti, prevede correttamente che se Lucien diventerà giornalista, ciò porterà alla sua rovina. Inoltre, apre gli occhi di Eve sulla vera natura del fratello, ma rimane fedele a Lucien anche dopo che questi lo tradisce diventando giornalista.

ETIENNE LOUSTEAU

Etienne è un individuo scaltro e cinico che rappresenta il mondo del giornalismo e incarna l'ipocrisia dilagante al suo interno. Quando si rende conto che Lucien potrebbe aiutare la sua carriera, inizia subito a presentarlo ai suoi amici e superiori giornalisti. Tuttavia, non esita a tradirlo quando si rende conto che il suo successo potrebbe danneggiare le sue stesse prospettive, ed è parzialmente responsabile della caduta di Lucien.

SIGNORA DE BARGETON

Louise de Bargeton è la regina indiscussa dell'alta società di Angoulême e diventa sia la protettrice di Lucien che il suo primo amore all'inizio del romanzo. Quando la vita ad Angoulême comincia ad annoiarla, decide di recarsi a Parigi da sua cugina, la signora d'Espard, e suggerisce a Lucien di accompagnarla per introdurlo nell'alta società parigina e aiutarlo a diventare un poeta di successo. Tuttavia, la magia svanisce rapidamente una volta arrivati nella capitale francese, poiché la donna si rende conto che avere una relazione con un giovane poeta squattrinato del paese la fa sembrare una sciocca. La sua vanità la spinge a porre fine alla relazione con Lucien per proteggere la propria posizione sociale.

CORALIE

Coralie è il secondo amore della vita di Lucien. È un'attrice sedicenne, amante di un ricco mercante, ma pone fine alla sua relazione con lui a causa del suo amore appassionato per Lucien. Tuttavia, muore pochi mesi dopo, schiacciata dal peso dei debiti accumulati dallo stile di vita lussuoso che lei e Lucien conducevano e dalle piccole beghe del teatro.

BARONE SIXTE DU CHATELET

Chatelet è un aristocratico e dandy che trascorre spesso del tempo ad Angoulême. Prima dell'arrivo di Lucien sulla scena, egli aveva cercato di sedurre la signora de Bargeton nella speranza di mettere le mani sulla sua fortuna, creando così una rivalità tra i due uomini. Dopo la fine della relazione con Louise, Lucien e i suoi amici giornalisti iniziano a diffamare Chatelet sulla stampa. Quando Lucien torna ad Angoulême, viene a sapere che il barone ha sposato la signora de Bargeton.

ANALISI

UN ROMANZO REALISTA

Scrivendo questo romanzo, Balzac intendeva creare un ritratto il più completo e realistico possibile del mondo letterario del suo tempo e di tutte le diverse professioni che esso comprendeva. Per questo motivo, il romanzo è pieno di descrizioni lunghe e minuziosamente dettagliate che coprono sia gli aspetti pratici che quelli intellettuali di ogni professione, permettendo al lettore di crearsi un'immagine mentale vivida di ogni oggetto e concetto descritto. Esempi di questi passaggi sono le descrizioni della tipografia di David Sechard, delle varie librerie che compaiono nel corso del romanzo e del ristorante Flicoteaux, dove si riuniscono i giovani scrittori. Balzac si sforza anche di ricreare l'atmosfera di ognuno di questi luoghi e cerca di farli sembrare ancora più realistici raffigurando diversi luoghi reali e includendo alcuni individui reali come personaggi: ad esempio, lo scrittore e politico francese Benjamin Constant (1767-1830) appare nella libreria Dauriat.

Per creare questo effetto, Balzac si impegnò in una ricerca meticolosa: visitò persino Angoulême per assicurarsi che le sue descrizioni della città e i viaggi dei personaggi attraverso di essa fossero il più realistici possibile. Infatti, se la sua memoria gli veniva meno per un determinato dettaglio, non esitava a chiedere a qualcuno del luogo di confermare l'esattezza di ciò che aveva scritto.

Balzac utilizzò anche la natura realista del romanzo per presentare una critica severa del mondo del giornalismo, ispirandosi alle proprie esperienze in quel campo. All'inizio della sua carriera, Balzac aveva lavorato come redattore per un giornale liberale e poi per un giornale legittimista (i legittimisti erano una fazione realista che sosteneva la rivendicazione del ramo maggiore della dinastia dei Borbone al trono di Francia), il che gli permise di conoscere da vicino le rivalità, le macchinazioni e il funzionamento interno del settore giornalistico, che alla fine lo disgustò. Inoltre, molti dei suoi romanzi furono aspramente criticati dalla stampa, il che lo spinse ancora di più contro questo settore e presumibilmente influenzò la sua decisione di ritrarlo in modo così sfavorevole in questo romanzo. Tuttavia, era anche preoccupato dal potere esercitato dai giornalisti del suo tempo, che potevano usare la libertà di espressione come pretesto per lanciare o rovinare la carriera di un individuo e manipolare l'opinione pubblica a loro piacimento. Balzac intendeva condannare queste pratiche mettendo in luce l'ipocrisia e la corruzione che regnavano sovrane nel settore, che illustra in *"Illusioni perdute"* attraverso gli espedienti che Lousteau utilizza per diventare caporedattore e il modo in cui i giornalisti trattano le attrici e il mondo del teatro in generale: nel romanzo, molte attrici sono le amanti di uomini facoltosi e usano il denaro dei loro amanti per corrompere i giornalisti affinché scrivano recensioni entusiastiche del loro lavoro sul palco. Infine, Balzac sottolinea la natura mirata del loro lavoro anche attraverso la rappresentazione della vendetta di Lucien contro la signora de Bargeton, che consiste nel pubblicare articoli satirici su di lei che la rendono lo zimbello di tutta Parigi.

UN ROMANZO DI CONTRASTI

Nel suo cuore, *"Illusioni perdute"* è un romanzo costruito sui contrasti, che si possono notare anche nella sua struttura narrativa: la prima parte si concentra sulla vita in campagna, mentre la seconda descrive la vita a Parigi; allo stesso modo, la seconda parte ruota attorno alla vita di Lucien, mentre David è il personaggio centrale della terza parte.

Ci sono molti altri esempi di opposizione nel romanzo:

- **Ambientazioni:** Parigi, simbolo di innovazione e modernità, si contrappone alla campagna, dove prospera il conservatorismo e non c'è posto per l'arte.

- **Settori della società**: al mondo del giornalismo, corrotto dal desiderio di potere, riconoscimento e ricchezza, si contrappone il mondo più intellettuale del *cenacolo*, che privilegia il merito artistico rispetto al guadagno economico. Allo stesso modo, agli aristocratici di Angoulême si contrappone la piccola borghesia di L'Houmeau.

- **Personaggi:** ognuno dei personaggi ha un suo opposto, che gli è totalmente estraneo sia nell'aspetto che nella personalità. Diversi personaggi possono essere contrapposti a più altri, a seconda della caratteristica in questione:

  ○ La bellezza di Lucien è spesso descritta come femminile, mentre David è più tarchiato;

  ○ Lucien è egoista e ambizioso, mentre David è altruista e riservato;

  ○ Il successo di Coralie è dovuto al suo talento, mentre Florine usa tattiche subdole per arrivare in alto;

- Coralie è giovane, mentre Louise è più anziana;
- Lousteau è ipocrita e taglia gli angoli per guadagnare di più, mentre d'Arthez è laborioso e onesto; ecc.

Questi contrasti sono una presenza costante nel romanzo fino alla fine, quando il desiderio di successo e di riconoscimento ad ogni costo spinge Lucien a tornare a Parigi, infelice e solo, senza progetti per il futuro, mentre David ed Eve, che hanno rinunciato ai loro sogni di successo, conducono una vita semplice, ma felice nella campagna vicino ad Angoulême, al sicuro dalla minaccia della povertà.

UN RACCONTO IN GRAN PARTE AUTOBIOGRAFICO

«*La Comédie Humaine*» si ispira in gran parte alla vita di Balzac stesso, oltre che a quella dei suoi amici e conoscenti, e "*Illusioni perdute*" è uno dei romanzi più autobiografici dell'intera serie. In questo romanzo, le lotte affrontate dai diversi personaggi riflettono il suo stesso percorso fino al punto in cui era giunto al momento di scrivere il libro. Inoltre, la relazione tra David e Lucien sembra riflettere sia la sua personale comprensione dell'amore platonico e della lealtà, sia la sua amicizia con Jules Sandeau (scrittore francese, 1811-1883).

Molti degli elementi autobiografici del romanzo sono associati a uno o a entrambi i protagonisti, sebbene anche alcuni personaggi secondari condividano con Balzac alcuni tratti fisici o psicologici. Ad esempio, la descrizione dell'aspetto fisico di David ricorda fortemente Balzac e la sua decisione di tentare di seguire le orme del padre e di guadagnarsi da vivere come tipografo riecheggia la vita dello stesso autore. Inoltre, David riesce a inventare un nuovo metodo di produzione della carta, che era anche uno dei sogni di Balzac, sebbene non si sia mai realizzato. Infine, la descrizione della macchina da stampa di David si basa sulla pressa di Rue Visconti che Balzac possedeva.

Al contrario, Lucien rappresenta molti dei difetti dello scrittore, in particolare la sua vanità e la sua ambizione. Come Lucien, Balzac è arrivato a Parigi come giovane poeta in cerca di fama e fortuna, e questo legame tra i due è ulteriormente sottolineato dal fatto che Balzac utilizza poesie che aveva scritto in gioventù per rappresentare la poesia di Lucien. Inoltre, quando Lucien discute con i suoi amici giornalisti, si schiera a favore delle idee che anche Balzac sposava all'epoca. Infine, la relazione di Lucien con la signora de Bargeton è in gran parte ispirata alle esperienze del romanziere con le donne anziane.

Tuttavia, anche se il romanzo presenta molti elementi autobiografici, non è in realtà l'autobiografia di Balzac, ma piuttosto un'opera di finzione completamente separata.

PERSONAGGI BALZACHIANI

Come negli altri romanzi de « La Comédie Humaine », i personaggi di *"Illusioni perdute"* possono essere definiti "balzachiani". Innanzitutto, è importante notare che i romanzi di Balzac siano popolati da due tipi diversi di personaggi:

- **"Ritratti"**, il cui aspetto fisico e la cui personalità sono descritti in modo estremamente dettagliato e i cui tratti caratteriali sono spesso esagerati. Tutti i personaggi principali di *"Illusioni perdute"* rientrano in questa categoria, così come il padre di David, che è un vecchio e avido ubriacone.

- **"Figurine"**, che tendono a far parte di un gruppo più ampio. Sebbene i singoli personaggi di questo gruppo siano descritti in modo relativamente poco dettagliato, la loro presenza nel romanzo fa apparire il gruppo a cui appartengono più caratteristico. Ad esempio, gli aristocratici che frequentano il salotto della signora de Bargeton rientrano in questa categoria.

La maggior parte dei personaggi di Balzac ha un certo grado di somiglianza con lui che poi arricchisce aggiungendo tratti fisici o di personalità di persone che conosceva, per creare quello che è noto come "ritratto composito". Ad esempio, è opinione diffusa che il personaggio della signorina des Touches in *"Illusioni perdute"* sia stato ispirato dall'amica di Balzac George Sand (scrittrice francese, 1804-1876). Balzac cercava di rendere le personalità dei suoi personaggi il più possibile universalmente relazionabili, in modo da poterli utilizzare per rappresentare un'intera fascia della popolazione.

Nel costruire i suoi personaggi, Balzac era interessato soprattutto a dare loro un ruolo interessante che potesse evolversi nel corso del romanzo e diventare parte del quadro più ampio che stava creando: ad esempio, la signora de Bargeton sembra quasi ridicola mentre si trova ad Angoulême, perché i suoi modi la distinguono dal resto della società di provincia e non è in grado di prosperare lì; tuttavia, il suo personaggio acquista maggiore spessore dopo il trasferimento a Parigi.

PARIGI COME CENTRO DEL MONDO LETTERARIO

Come abbiamo già detto, Parigi e la campagna sono presentate come opposte in *"Illusioni perdute"*. Questo è particolarmente vero per quanto riguarda la rappresentazione del mondo letterario francofono, poiché in quel periodo nessuna opera letteraria era considerata veramente "francese" se non era stata scritta a Parigi, che era il centro di librerie, tipografie, critici e autori. Di conseguenza, qualsiasi autore che vivesse al di fuori della capitale e volesse pubblicare la propria opera sarebbe stato automaticamente etichettato come autore regionale, non come autore francese, anche se viveva solo a poche decine di chilometri dalla città. Per questo motivo, molti scrittori si recavano a Parigi nella speranza di avviare una carriera letteraria di successo, come fa Lucien in *"Illusioni perdute"*. Nel frattempo, gli scrittori di provincia dovevano lavorare in mercati cosiddetti "di nicchia" per trovare il successo, come nel caso dei simbolisti belgi, ad esempio.

Tuttavia, questo concetto di "polo letterario" è quintessenzialmente francese e non ha un equivalente diretto in altre culture letterarie del mondo.

ULTERIORI RIFLESSIONI

ALCUNE DOMANDE SU CUI RIFLETTERE...

- Perché i membri del *cenacolo* sconsigliano a Lucien di dedicarsi al giornalismo? Le loro previsioni si rivelano esatte? Perché?

- In quale sottocategoria de « *La Comédie Humaine* » rientra questo romanzo? Perché?

- Perché Balzac introduce nella sua opera elementi di altri generi letterari? Qual è il suo obiettivo nel farlo?

- Perché si può dire che il finale di questo romanzo ha una lezione morale? Di che cosa si tratta?

- In questo romanzo Balzac utilizza una grande quantità di descrizioni. Quali sono le ragioni per cui lo fa?

- Pensate che questo romanzo possa essere facilmente adattato per il teatro? Perché o perché no?

- Come descrive Balzac il mondo del giornalismo?

- All'inizio delle avventure dei due amanti a Parigi, Balzac scrive: "Nella signora de Bargeton e in Lucien era all'opera un processo di disincanto; Parigi ne era la causa". Che cosa intende dire?

- Ora che conoscete il personaggio di Lucien, immaginate cosa potrebbe accadergli in *"Una prostituta di alto bordo"*.

ULTERIORI LETTURE

EDIZIONE DI RIFERIMENTO

Balzac, H. (2004) *Illusioni perdute*. Trans. Marriage, E. [Online]. Urbana: Project Gutenberg. [Accessed 27 July 2018]. Disponibile da: < http://www.gutenberg.org/ebooks/13159>

Vogliamo sapere da voi!
Lasciate un commento sulla vostra biblioteca online
e condividete i vostri libri preferiti sui social media!

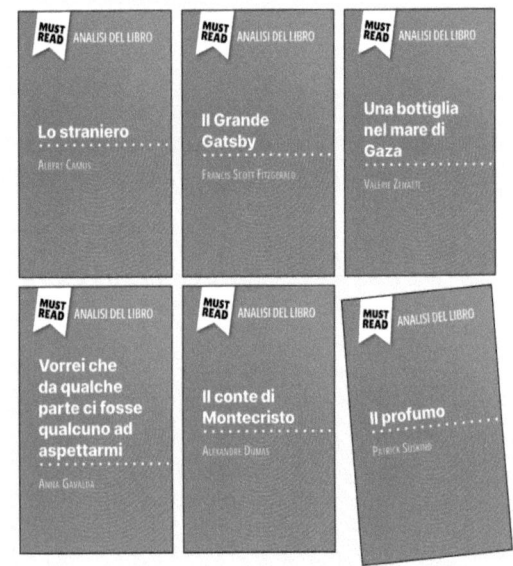

Sebbene l'editore faccia ogni sforzo per verificare l'accuratezza delle informazioni pubblicate, 50minutes.com non si assume alcuna responsabilità per il contenuto di questo libro.

www.50minutes.com

Master ISBN: 9782808690027
ISBN cartaceo: 9782808611428
Deposito legale: D/2023/12603/1422

Copertura: © Primento

Concezione digitale a cura di Primento, il partner digitale degli editori.